AF307528

Bibliografische Information der Deutschen Nationalbibliothek: Die Deutsche Nationalbibliothek verzeichnet diese Publikation in der Deutschen Nationalbibliografie; detaillierte bibliografische Daten sind im Internet über dnb.dnb.de abrufbar.

Satz und Layout: Erik-Jona Brinkmann
Covergestaltung: Amy
Illustrationen: Wanda Wieland
Autorenporträt: Bryan Stötzel
Schriftarten: Relation (Jess Latham); Baroque Text JF (Jukebox); Minion (Adobe Originals)

Verlag:
BoD · Books on Demand GmbH, Überseering 33, 22297 Hamburg, bod@bod.de

Druck:
Libri Plureos GmbH, Friedensallee 273, 22763 Hamburg

ISBN: 978-3-8192-1249-9

Yasmin Kalaydoskop

Gefühlsstark

Eine Gedichtsammlung

Ich danke allen, die mich dabei unterstützen und ermutigen,
meine Kreativität auszuleben.
Allen voran Erik, Teuçaj, meinem Redaktionsteam und meiner
Meilenstein-Weiterbildungsgruppe.
Es erfüllt mich mit purer Freude,
dass ihr mich auf meinem Weg begleitet.

Vorwort

Zeit ist unser wertvollstes Gut, denn wir wissen nicht, wie viel wir davon haben. Für die Gedichte in diesem Büchlein braucht es nur wenig davon. Es ist eine Einladung, einen Moment innezuhalten. Zur Ruhe zu kommen. Dir bewusst Zeit zu nehmen. Dich berühren zu lassen. Zu fühlen.

Mein erstes Buch ist etwas ganz Persönliches. Die folgenden Worte kommen aus meinem Herzen. Sie sind alle in den letzten zwei Jahren entstanden und überwiegend aus meiner Perspektive geschrieben. Einige Texte habe ich Menschen gewidmet, die mir nahe stehen und mich in sie hineinversetzt.

Ich bin empfindsam. Sensibel. Ich fühle sehr intensiv, auch Gefühle, die eigentlich nicht zu mir gehören. Manchmal fühle ich für andere. Mit meinen Worten möchte ich Gefühle wecken, die vielleicht schon lange verborgen sind und ihnen den Raum geben, der ihnen zusteht.

Große Gefühle machen stark, wenn wir sie akzeptieren und erkennen, woher sie kommen und was sie uns sagen wollen.

Meine Fotos sind auf verschiedenen Reisen durch Deutschland und Europa entstanden. An Orten, mit denen ich Erinnerungen verbinde mit Menschen, die mir wichtig sind. Die Schönheit der Natur aufzufangen, gelingt mir, wenn ich sie aufmerksam wahrnehme.

Es hat lange gedauert, bis ich mich getraut habe, meine Erfahrungen zu teilen und meine Texte zu veröffentlichen. 2025 lese ich sie sogar vor – im Rahmen des Literaturfestes in meiner Wahlheimat und der Ausstellung von Locating Your Soul zum Tag der seelischen Gesundheit.

Ich wünsche dir, dass auch du den Mut findest, dich zu öffnen. Denn so können wir Verbindungen zwischen uns schaffen und Brücken bauen, unabhängig davon, wer wir sind und woher wir kommen. Mit diesem Gedichtband lade ich dich zu einer persönlichen Entdeckungsreise ins Mensch-Sein ein.

Inhaltsverzeichnis

(Un–)Sicherheit

Du bist so fern, auch wenn du nah bist
Bist nicht bei mir, wenn du da bist
Schaust weg, wenn ich dich berühre
Ich frage mich, mit wem ich eine Beziehung führe

Dein Blick ist kalt, du bist erstarrt
Wie ein Eisberg, undurchdringlich und hart
Du stehst vor mir wie gelähmt
Ich weiß nicht, wofür dein Herz schlägt

Schon Jahre gehe ich den Weg mit dir
Doch bleibst du steh'n, flüchtest vor mir
Die Zweifel werden immer stärker
Die Liebe scheint dir wie ein Kerker

Ich will dich halten, will dich stützen
Doch du scheinst dich vor mir zu schützen
Kannst Verletzlichkeit nicht riskieren
Und ich habe Angst, dich zu verlieren

Was gibt dir Energie und Kraft?
Kannst du nicht sagen, bist nur geschafft
Schon mit dem Alltag umzugeh'n
Darin siehst du ein Problem

Meine Erwartungen noch dazu
»Bitte, lass mich doch in Ruh'!
Ich brauche viel mehr Zeit für mich
Und mehr geben kann ich nicht.«

Es macht mich traurig, dich so zu sehen
Und ich will auch nicht einfach gehen
Um dich dieser Schwere zu überlassen
Ich würde mich dafür am Ende hassen

Ich will dich nicht aufgeben, will dich schütteln
Dich aus deinem *Koma* wachrütteln
Die Last von dir nehmen, damit du fliegst
Und deine Geister mit Leichtigkeit besiegst

Unser Begleiter in Zukunft sei Dankbarkeit
Für alles, was die Welt hält für uns bereit
Ich will mit dir tanzen und das Leben spüren
Ganz viel lachen und dich wirklich berühren

Lass uns einen Ort des Glücks erbauen
Dort kann uns keiner die Freude rauben
Über all die Möglichkeiten, die wir zusammen erkunden
Und voller Liebe sind wir verbunden

Das wünsche ich mir für dich und mich
Wir beide, unbeschwert und glücklich
Zuversichtlich und frei
Hand in Hand ins Leben hinein

Die Macht der Worte

Ich setze mich hin
Die Worte sprudeln aus mir heraus
Erkenne den Sinn
Lasse ihnen freien Lauf

Ich will meine Gedanken teilen
Lade ein zum Verweilen
Denn um zu schreiben
Muss ich still bleiben

Still war ich mein Leben lang
Nun werde ich mich zeigen
Es braucht einen Anfang
Um meinen Berg zu besteigen

So schreibe ich nicht mehr nur für mich
Sondern auch für Sie, für dich
Um das Mensch-Sein zu verbreiten
Verbindung zu schaffen in diesen Zeiten

Genuss

Ich will nicht still steh'n
Will immer weiter geh'n
Doch muss ich mich hüten vor zu viel Hast
Brauche auch mal eine Rast

Gönne mir zu wenig Ruh'
Weil ich immer so viel tu'
Für meine Interessen brauch' ich mehrere Leben
Doch muss mich mit einem zufriedengeben

Endlich Prioritäten setzen
Und mich nicht mehr selbst zerfetzen
Nicht das große Glück jagen
Sondern kleine Schritte wagen

Was zählt, ist der Genuss
Was ich noch lernen muss
Mit allen Sinnen zu genießen
Und die Leichtigkeit begrüßen

Die Qual der Wahl

Die Auswahl ist groß
Wen wähle ich bloß?
Auf keinen Fall eine Partei
Die laut nach Sündenböcken schreit
Die wieder Grenzen errichtet
Und früher oder später Menschen hinrichtet

Wer anders ist, der wird verbannt
Die Abschiebung ist längst geplant
Was geht uns das Leid der anderen an?
Zuerst sind die eig'nen Leute dran
Unsere Verantwortung am Weltgeschehen
Wird ignoriert und nicht gesehen

In einer Gesellschaft, die den Menschen vergisst
Ist es nicht verwunderlich, wenn man krank ist
Doch psychisch krank heißt nicht gefährlich
Denn seien wir mal wirklich ehrlich
Ein Psychopath kann jeder sein
Lassen wir deshalb niemanden mehr ins Land hinein?

Ja, wir haben schon genug Probleme
Doch wofür ich mich in diesem Land wirklich schäme
Es werden keine Lösungen gesucht
Sondern nur die Gegner verflucht
Hass und Hetze auf allen Seiten
Wie finden wir Frieden in diesen Zeiten?

Wie können wir noch ruhig schlafen
Während sie die Brücken mehr und mehr abschaffen?
Plädieren für Ordnung und Sicherheit
Und machen sich zum Kampf bereit
Immer nur dagegen
Nicht auf Augenhöhe reden

Von Mensch zu Mensch, ist das so schwer?
Vergisst der Mensch sich selbst so sehr?
Nun haben wir die Qual der Wahl
Ob wir Mauern oder Brücken bauen
Uns verstecken oder gemeinsam nach Lösungen schauen
Was uns ALLE betrifft anzugehen
Und mit Hoffnung in die Zukunft zu sehen

Angst vor dem Leben

Haben wir nicht alle Angst?
Angst davor zu fallen?
Und bei einem tiefen Sturz
Hart auf den Boden zu knallen?

Haben wir nicht alle Angst?
Angst davor zu lieben?
Und die, die uns wichtig sind
Eines Tages zu verlieren?

Haben wir nicht alle Angst?
Angst davor zu sterben?
Und nicht nur Hab und Gut
Sondern auch Schmerz zu vererben?

Haben wir nicht alle Angst?
Angst, nicht richtig zu leben?
Kannst du dir am letzten Tag
Die verpassten Chancen selbst vergeben?

Ja, wir haben alle Angst
Doch wenn du das hier liest
Dann hast du noch die Chance
Dass du dein Leben JETZT genießt

Was hilft gegen die Angst?
Es ist der Mut!

Mut zu fallen

Mut zu lieben

Mut zu leben

So ist am Ende alles gut

Der traurige Junge

Abseits steht ein kleiner Junge
Gebaut ist er sehr schmächtig
Leidet sicher unter Hunger
Die Traurigkeit in seinem Gesicht ist übermächtig

Doch fehlt ihm nicht nur Kräftigung
Er hungert nach Liebe und Zuwendung
Die können ihm seine Eltern nicht geben
Und so wird er weiter ohne sie leben

Er sucht sie nicht woanders
Denn er braucht sie von ihnen
Die Anerkennung: »Du kannst das!«
Er ist ein verlorener Junge geblieben

Nur er selbst kann diese Wunde heilen
Doch muss er sich beeilen
Weil der Schmerz ihn sonst von innen auffrisst
Und er zu leben vergisst

Um den Schatz zu finden, muss er graben
Zurück muss er schauen
Keine Vorwürfe machen, sondern fragen
Daraus lernen und auf die Zukunft bauen

Seine Stärke findet er in sich
Wenn er beantwortet »Wer bin ich?«
Wenn er weiß, was er will
Kann er seine Bedürfnisse still'n

Er kann sich anderen anvertrauen
Und wird Frieden finden
Kann sich selbst mehr zutrauen
Ist fähig, sich zu binden

Der traurige Junge wird zum glücklichen Mann
Wenn er das Kind in sich umarmen und trösten kann
So überwindet er den tiefen Schmerz
Lernt er zu hören auf sein Herz

Selbst–Fürsorge

Ich kann dir nicht geben
Was dir verwehrt wurde im Leben
Kann deine Mutter nicht ersetzen
Nicht rückgängig machen, was dich verletzte

Bin für deine Gefühle nicht zuständig
Sonst machen wir uns abhängig
Du kannst nicht ewig vor ihnen fliehen
Oder du wirst die Last immer mit dir ziehen

Schau auf dich und du wirst sehen
Du kannst deinen eigenen Weg gehen
Dir selbst die nötige Liebe schenken
Auch an dein Wohl und Glück denken

Pass auf *dich* auf

Du nimmst andere wichtiger als dich selbst
Bist immer da als tapferer Held
Doch trägst du nicht genügend Last?
Zerbrichst unter der anderer fast

Heißt das Familienmotto geben statt nehmen
Bloß nichts sagen
Nicht über eigene Bedürfnisse reden
Lieber schweigend leiden als Konflikte wagen?

Auch in einer kaputten Familie herrscht Zusammenhalt
Du stehst dazwischen, die Stimmung ist kalt
Du willst vermitteln, die Mauern brechen
Doch wer trägt die Verantwortung, *miteinander statt übereinander* zu sprechen?

Du wünschst dir, alle zusammenzubringen
Dass sie ihren Schmerz endlich verdauen
Nicht länger mit der Vergangenheit ringen
Und gemeinsam auf das *Hier und Jetzt* schauen

Doch Frieden findest du nur in dir
Wenn du weißt: »Was bedeute ich mir?«
Wenn du dir selbst wichtig bist
Und deine Ziele im Leben nicht vergisst

Achtest du auf dich
Geht es dir gut
Befreie dich
Und habe Mut

Es ist deine Aufgabe, für dich zu sorgen
Und loszulaufen in dein Morgen
Probiere aus, was dir gefällt
Und schaffe dir deine eigene schöne Welt

Schau dich um, du bist nicht allein
Du kannst stets nach Hilfe fragen
Und wir werden bei dir sein
Deine Energie wirst du nach außen tragen

Lebensfreude wird sich verbreiten
Und vielleicht kann dein Vorbild auch andere leiten
Ich wünsche dir Glück und Zufriedenheit
Und ein Leben voller Heiterkeit

Dankbarkeit

Ich bin dankbar für die Menschen, die mich umgeben
Dass sie ein Teil sind von meinem Leben

Ich fiel – doch wurde aufgefangen
Das Netz mich hielt – und hält noch lange

Gemeinsam

Wir können nicht alleine heilen
Wir brauchen jemanden, mit dem wir die Last teilen
Jemanden zum Festhalten
Während andere sich spalten

Reines Herz

Ich wünschte, du könntest dich mit meinen Augen seh'n
Dein Spiegelbild so wunderschön
Fernab von Äußerlichkeit
Strahlt dein reines Herz so weit

Regenbogen

Ich war die Sonne und du der Regen
Weißt du, was die beiden zusammen ergeben?
Doch ein Regenbogen ist nur von kurzer Dauer
Viel zu stark war deine Mauer

Spiegelbild

Wer ist der Mensch, den ich hier im Spiegel sehe?
Was wird passier'n, wenn ich auf ihn zugehe?
Wie wird es sein, wenn wir uns kennenlernen?
Kann er denn auch ein Teil von mir werden?

Schatten

Sicher war ich in deinen Armen
Geborgen, doch nicht frei
Meine Schatten kannten kein Erbarmen
Senkten sich über deinen Sonnenschein

Fluchtversuch

Ich möchte die Kontrolle abgeben
Nicht immer der Vernünftige sein
Das wird meine Stimmung heben
Und ich fühle mich von Zwängen befreit

Mit jedem Schluck fließt meine *Zukunft* dahin
Stehe ich mir selbst im Weg
So viel ungenutztes Potential verrinnt
Weil ich nicht wage vorauszugeh'n

Ich suche Trost, suche ein Zuhaus'
Halte mich an der Flasche fest
Dort finde ich nicht, was ich brauch'
Eher nimmt es mir den Rest

Fühl' mich aus meinem eigenen Leben verbannt
Umklammer' das Glas in meiner Hand
Bis es zerspringt und ich die Scherben seh'
Dann merke ich - es tut mir weh

Alkohol lässt mich meine Sorgen vergessen
Doch bleiben sie da, wenn ich mich nicht rege
Schleichend wird er mich innerlich zerfressen
Hält mich ab vom richtigen Leben

Doch ich weiß, dass ich entkommen kann
Einen Weg aus dem Labyrinth finde
Mich selbst befreie aus dem Bann
Und keine Zeit mehr schinde

Dafür muss ich meinen eigenen Wert erkennen
Meinem Spiegelbild ein Lächeln schenken
Nicht vor mir selbst wegrennen
Sondern an mich und meine Bedürfnisse denken

Was macht mich wirklich stark?
Wer steht an meiner Seite?
Die Welt ist und bleibt hart
Doch ich bin nicht alleine

Ich habe es *verdient*, das Leben zu genießen
Verfolge meine Träume
Lass' die Blumen in mir sprießen
Und werde keine Chance mehr versäumen

Frieden

Früher haben sie geschwiegen
Das Leid war nicht in Worte zu fassen
Bis sie dann im Grabe liegen
Hat der Kummer sie nie verlassen

Nach Frieden rufen sie laut
Doch wollen sie Krieg
Es werden wieder Mauern gebaut
Im Kampf gegen alle, die nicht sind wie sie

Wir suchen Sicherheit und Schutz
Doch die Mauern halten uns gefangen
Sind alle auf der Flucht
Ist die Zeit auch längst vergangen

Es herrscht Krieg auf der ganzen Welt
Wir können die Augen nicht mehr verschließen
Wer ist noch ein wahrer Held
Und wird nicht auf den Feind schießen?

Hier schießt man eher mit Worten als Waffen
Doch können wir so keinen Frieden schaffen
Wir vergiften uns mit Hass
So macht das Leben keinen Spaß

Wir werden von einfachen Lösungen geblendet
Sollten unsere Energie nicht verschwenden
Und im Frust versinken
Sonst werden wir in unseren Sorgen ertrinken

In uns tobt der *wahre* Krieg
Den wir nach außen tragen
Haben uns selbst nicht genug lieb
Und müssen deshalb nach außen schlagen

Schon immer zerstört der Mensch sich
Erträgt sein Spiegelbild nicht
Kann sich seine Schwächen nicht eingestehen
Das muss auf Kosten anderer gehen

Was passiert, wenn er sich selbst annimmt
Akzeptiert, was mit ihm nicht stimmt
Das verletzte innere Kind
Einfach in die Arme nimmt?

Nur wer Liebe in sich findet
Kann sie auch teilen
Wer sich mit sich selbst verbindet
Kann Stück für Stück heilen

Lasst uns aufhören, in Schwarz-Weiß zu denken
In Gut und Böse aufzuspalten
Es hilft nicht, die Menschen zu trennen
Wir müssen zusammenhalten

Die Gräben zwischen uns gruben wir allein
Doch muss das nicht für immer sein
Darüber können wir Brücken bauen
Wenn wir uns trauen
Uns in die Augen zu schauen

Werden wir sehen: wir sind alle eins
Daher werden wir alles geben
Denn der Sinn unseres Seins
Ist es, *miteinander* zu leben

Die Hölle auf Erden

Die Welt brennt
Und das schon lange
Die Zeit rennt
Mir wird Angst und bange

Heimat

Heimat ist kein Ort
An dem Menschen vertrieben werden
Heimat sollte sein
Wenn alle voneinander lernen

Loslassen

Du musst versteh'n
Loslassen heißt geh'n
Ich wünsche mir jemanden, der bleibt
Und mit mir gemeinsam heilt

Zufriedenheit

Ich möchte mein Leben nicht im Schatten verbringen
Und mich verstecken vor all den schönen Dingen
Will mein Talent nutzen, etwas erschaffen
Am Ende *stolz und zufrieden* einschlafen

Healing

I will learn how to fly
When I let go all of the luggage that its not mine
It's my life I want to feel
With my love I learn to heal

Triumph

Ich kann es kaum begreifen
Kann mich jemand kneifen?
Denn nun steh' ich hier
Leb' meine Träume und triumphier'

Grenzen

Mein Körper schreit
»Aufmerksamkeit! Du gehst zu weit!«
Sieh mich an
Die Grenze ist erreicht, ich nicht mehr kann

Ich mach' mich selber unsichtbar
Ihr hört mich nicht, doch bin ich da
Ich wollte nie dazugehören
Und will auch wirklich keinen stören

Ich passe mich an, doch pass ich nicht 'rein
Dabei will ich doch nur Teil von etwas sein
Zusammen und trotzdem allein
Dräng' mich selbst an den Rand
Lass keinen hören mein Schrei'n

Verstecke den Schmerz
In meinem Herz
Es ist so schwer
Ich fühle mich so leer

Ich möchte spüren, dass ich *lebe*
Und dass ich alles gebe
Damit ich glücklich bin
Wenn ich ihn kenne meinen Lebenssinn

Ich hab' mein Leben nicht im Griff
Und das ist okay
Ich bin auch genug
Wenn ich nicht aufrecht steh'

Treue Seele

Ich komm' nach Hause
Alles ist still
Ich werde traurig
Weil ich was anderes will

Wünsche mir, dass jemand auf mich wartet
Und morgens mit mir in den Tag startet
In zwei Armen Heimat finden
Mich geborgen und sicher binden

Wir freuen uns über Zweisamkeit
Hören einander aufmerksam zu
Spüren die Verbundenheit
Fühlen Harmonie und Ruh'

Frieden herrscht nur, wenn man offen spricht
Sich die Wahrheit sagt ins Gesicht
Streiten ist genauso wichtig
Konflikte respektvoll lösen ist richtig

Liebe und Wertschätzung zeigen
Dankbarkeit pflegen
Gemeinsam den Berg besteigen
Und sich beistehen auf holprigen Wegen

Gegenseitig beim Wachsen begleiten
Annehmen die guten und schlechten Seiten
Bedürfnisse und Grenzen werden bedacht
Und zusammen viel gelacht

Das Leben genießen
Die Welt entdecken
Mit dem Fluss fließen
Sich nicht verstecken

Hand in Hand durch die Zeit
Eine kleine Ewigkeit
Das eigene Paradies erschaffen
Von Endlichkeit nicht aufhalten lassen

Auch wenn einer nicht mehr da ist
Lebt er in dem anderen weiter
Dieser niemals vergisst
Die treue Seele an seiner Seite

Denn wahre Liebe kann nicht sterben
Ist das größte Glück auf Erden
Ich wünsche wirklich jedem
Sie einmal zu erleben

Sie macht stark und schwach zugleich
Legt in Fesseln und schenkt Flügel
Wer sie fühlt, ist wahrhaftig reich
Und mit sich und der Welt zufrieden

Heilungswunsch

Ich möchte dich umarmen
Ganz fest und solange, bis du heilst
Bis alle Teilchen in dir zusammenfinden
Und du weißt, wer du bist

Aber ich weiß, dass ich mich nur selbst heilen kann
Und du dein Selbst-Bild zusammenpuzzeln musst
Vielleicht können wir uns auf unserem Weg begleiten
Doch wir können uns nicht für den anderen bewegen
Sondern nur für uns selbst

Loslaufen

Lauf' so weit, wie du kannst
Lauf' und hab' keine Angst
Hinter dir liegt großer Schmerz
Was vor dir liegt, erfüllt dein Herz

Sag mir, wer bist du wirklich?
Unter deiner Maske versteckst du dich
Dabei hast du so viel zu sagen
Würdest du es dir nur wagen

Dich anderen zu widersetzen
Ohne Angst, sie zu verletzen
Willst nicht enttäuschen, bleibst lieb und brav
Unglücklich sein ist dafür deine Straf'

Von dir wird erwartet: *sei angepasst!*
Teile bloß nicht deine Last
Sei doch bitte wie alle anderen auch
Doch das sorgt für ein Grummeln in deinem Bauch

Blind durchs Leben hetzen, war nie dein Ding
Hast bewusst entschieden, als deine Freiheit anfing
Wähltest lieber mit Gefühl und Bedacht
Und hast selbst das Feuer in dir entfacht

Wie viele Krisen hast du schon überstanden?
Du immer einen Weg heraus fandest
Du bist ein Meister im Überleben
Und dich niemals aufzugeben

Denn was du brauchst, das findet dich
Was du erzwingst, ist vergeblich
Worauf lenkst du Aufmerksamkeit und Energie?
Nimm deinen Körper wahr und sieh

Was tut dir gut, wo spürst du Kraft?
Was hast du schon alles geschafft?
Mit wem kannst du lachen und auch weinen?
Wann kannst du einfach du selbst sein?

Fokussiere dich auf das, was dir wichtig ist
Auf Aktivitäten, bei denen du die Zeit vergisst
Denn bist du hier und jetzt mit dir verbunden
Dann kann dich nichts mehr schwer verwunden

Deine Lebenszeit ist unbekannt begrenzt
Drum nutze die Flamme, die in dir brennt
Um dir selbst ein schönes Leben zu schenken
Am Ende kannst du dankbar daran denken

Rebell

Manchmal musst du Dummheit einfach ignorieren
Um dein eigenes Wohlergehen nicht zu riskieren

Es wird immer Hater geben
Auch wenn du dein Bestes gibst
Heißt es, einfach weiterleben
Was du tust und wer du bist

Lass dich nicht gehen
Oder erst recht?
Wer bestimmt über dein Leben
Was für dich gut ist oder schlecht?

Leistungsdruck macht Menschen kaputt

For *herself*

She gave it all
But it was never enough
She loved with her whole heart
Now she gives up

She gives up to please others
To do what anyone else wants
She starts to like herself
And follows her own dreams

Without waiting for a wonder
A hero to save her
Her demons become her friends
And she's going to accept her life

She can't change the past
There's just a little influence on the future
But she will grow with every decision she makes
Every single step she does now is important

Mein Weg

Wir sind überall vernetzt
Und doch nicht verbunden
Tief im Herzen verletzt
Verbergen unsere Wunden

Manchmal wird mir alles zu schwer
Die Last auf meinen Schultern immer mehr
Doch muss ich sie alleine tragen?
Kann ich nicht auch um Hilfe fragen?

Schaut mich an
Was ich alles kann
Lang' im Schatten verborgen
Hinter den Sorgen

Versteckt durch die Angst, nicht zu genügen
Musste ich mich selbst betrügen
War in meinem Kopf gefangen
Wo die Träume Lieder sangen

Der Weg zu mir ist lang und weit
Doch eines Tages war ich bereit
Die Mauern zu brechen, mich zu befreien
Was in mir ist, herauszuschreien

Nicht länger zu warten
Sondern loszustarten
In das bunte Leben hinein
Zeige mich im Lichterschein

Die Menschen um mich machten mir Mut
Sagten zu mir, ich mache das gut
Begleiteten mich durch Sturm und Regen
Mit ihrer Hilfe konnte ich mich erheben

Dankbarkeit erfüllt mein Herz
Lässt mich hindurchblicken durch Schmerz
Dass ich die Lebensfreude find'
Und tanze mit meinem inneren Kind

Mit 28 Jahren schreibt Yasmin nun schon fast zwei Jahrzehnte. Während sie als Teenager mit ihren Geschichten in fantastische Welten abtauchte, fing sie später an, reale Erlebnisse in ihren Texten zu verarbeiten. Sie bloggte anonym, bis sie 2024 ihr Gedicht „(Un-)Sicherheit" aus der Perspektive einer Angehörigen mit „Co-Depression" bei www.locating-your-soul.de veröffentlichte. Seitdem ist sie Teil der ehrenamtlichen Redaktion bei dem Blog zur seelischen Gesundheit.

Besonders Gedichte als kompakten Ausdruck ihrer Gedanken und Gefühle hat sie für sich entdeckt. Ihre Texte handeln von Freude und Leid, Hoffnung und Mut, Liebe und Leben in allen Facetten – daher hat sie sich den Künstlernamen „Kalaydoskop" gegeben. Unter diesem Pseudonym ist sie auch als Sängerin bei der Band Teuçaj unterwegs und schreibt eigene Lieder. Ihre bisher längste Geschichte „Herz(ver)brecher" soll bald veröffentlicht werden.